AF450342

ARREST
DE LA COVR
DE PARLEMENT,

EN LA CHAMBRE DE L'EDICT.

*Par lequel il a esté iugé qu'vn Prestre
ayant fait Profession de la Religion
pretenduë reformée, ne peut contracter mariage à peine de nullité, &
de punition exemplaire.*

A PARIS,

Chez SEBASTIEN CRAMOISY, Impri-
meur ordinaire du Roy, ruë Sainct
Iacques, aux Cicognes.

M. DC. XL.

Auec Priuilege de sa Majesté.

EXTRAICT DES REGISTRES
de Parlement.

ENTRE M. SEBASTIEN Tridon Prestre, n'agueres Abbé de sainct Pierre de Lestrier, Chanoine en l'Eglise Collegiale de sainct Lazare d'Auallon, & Curé de la Paroisse de Poussignol, appellant des Sentences contre luy données par le Bailly de sainct Pierre le Monstier, ou son Lieutenant les 23. Feurier & 2. Mars 1639. portant defenses à Maistre Estienne de Monsanglard Ministre de la Religion pretenduë reformée, & autres Ministres de ladite Religion pretenduë reformée, de proceder au pretendu mariage d'entre l'appellant & Marie Bruaudet, fille de Maistre Lazare Bruaudet, Procureur & Notaire à

Chaſtel-chinon, & Marie Miron ſa femme, pere & mere de ladite Bruaudet, à peine de mil liures d'amende contre chacun, & contre l'appellant & ladite Bruaudet de punition exemplaire & corporelle; & encores appellant comme d'abus de la procedure criminelle contre luy faite en l'Officialité de Neuers, decret de priſe de corps contre luy decerné le 17. Auril 1638. & demandeur en faux contre ledit decret & priſe de corps, & contre vn procés verbal d'accouchement de ladite Bruaudet du 19. May 1639. & defendeur d'vne part. Et Maiſtre François Tridon Lieutenant general au Bailliage de Chaſtel-chinon, Iean Tridon Conſeiller & Eleu pour le Roy en l'Election dudit lieu, & Chriſtophle Tridon Aduocat en la Cour freres dudit appellant, d'autre : Et Meſſire Euſtache du Lys Euefque de Neuers, demandeur & requerant eſtre receu partie interuenante en ladite cauſe ſuiuant la Requeſte par luy preſentée à ladite Cour, le 16. iour d'Auril, 1640. d'autre.

DE PLAIX pour l'appellant a dit,
Qu'il y a deux appellations fur lefquelles
il échet de prononcer: La premiere,qua-
lifiée comme d'abus de toute la procedure de l'Official de l'Euefque de Neuers, laquelle ayant efté faite contre l'appellant lors qu'il eftoit Catholique, Preftre & Curé dans fon Diocefe, n'a pas
efté interiettée de fon aduis, de luy qui
plaide, n'entendant pas y conclure, & fe
rapportant à la Cour d'y prononcer ainfi
que bon luy femblera. L'autre eft d'vne
Sentence renduë par le Bailly de S. Pierre
le Monftier, fur l'appel de laquelle il ne
luy'eft pas difficile de conclure: dautant
que la defenfe de fa caufe confifte dans
l'execution des Edicts de Pacification,
dans l'vfage commun, & la liberté publique de confcience. Mais d'autant que
les moyens d'oppofition qui ont efté al-
legués pardeuant les premiers Iuges ne
font point inferés dans la Sentence, &
qu'il ne le peut préueoir ny deuiner, il
attend qu'ils foient expliquez par les intimez, afin d'y pouuoir répondre. Pour

A iij

cela il conclud à son appel, & supplie la Cour de luy donner la replique, pour satisfaire aux moyens qui seront contre luy alleguez, & pouuoir déduire le moié de faux contre vn certain decret de prise de corps, & vn procés verbal duquel ils se veulent ayder.

PETITPIED pour les intimés, Que ses parties sont touchées d'vne iuste indignation, de voir que leur frere puisné ait degeneré de la Foy de leurs Ancestres, qu'il tâche de renoncer au caractere de la Prestrise, & qu'il ose esperer à vn mariage sacrilege que l'Eglise luy defend, tant par la voix que par l'exemple des Peres de tous les Siecles ; & les Roys par la teneur de leurs Edicts de Pacification, & de liberté de conscience : Que l'appellant apres sa promotion au Sacerdoce, ayant esté pourueu par Monsieur l'Euesque d'Autun, de l'Abbaye de sainct Pierre, d'vn Canonicat en l'Eglise d'Aualon, & par Monsieur l'Euesque de Neuers, de la Cure de Poussignol ; au lieu de vacquer à la conduite des Ames, au-

roit seduit Marie Bruaudet, fille demeu-
rante à Chastel-chinon, qui fait profession de la Religion Catholique : dont
Monsieur l'Euesque de Neuers aduerti
par le scandale que cette débauche pro-
duisoit, le 19. Mars 1638. il auroit fait
conduire l'appellant dans les prisons de
l'Officialité de Neuers: Qu'apres diuerses
remonstrances reiterées pendant quinze
iours de detention, sur la protestation
que fit l'appellant de s'amender, il auroit
esté renuoyé à sa Cure, à la charge de se
representer toutesfois & quátes: Qu'ayát
continué de viure plus licentieusement,
l'Official de Neuers, aduerty de ses dé-
bordemés, & de la grossesse de ceste fille,
auroit decreté cõtre luy prise de corps le
17. Auril 1638. Que l'appellant pour en é-
uiter l'execution, le 5. Septembre de la
mesme année auroit fait profession publique de la Religion pretenduë reformée dans le Presche de Coulon, où trois
iours apres la premiere annonce de son
pretendu mariage fut publiée: dont les
intimez aduertis le 19. du mesme mois se

feroiét oppofés à la celebration du mariage, & auroient fait affigner à ces fins
pardeuāt le Bailly de S. Pierre le Monftier
la Miniftre de la Religion pretenduë re-
fôrmée de Coulon, l'appellant, Marie
Bruaudet, & fes pere & mere : Qu'apres
quelques procedures, defenfes ayans
efté faites à l'appellant, de contracter ce
mariage, au Miniftre de le celebrer; l'e-
xecution du decret de prife de corps
ayant efté ordonnée, l'appellant en
caufe d'appel, fe feroit infcrit en faux
contre ce decret, & contre le procés verbal de l'accouchement de cefte fille : fou-
ftenans les intimés, que fans s'arrefter
à ces moyens de faux qui font imperti-
nents, & non veritables, il doit eftre dit
qu'il a efté bien iugé : par ce que la liberté de confcience tolerée par les Edicts,
n'eftant pas indefinie & vniuerfelle en ce
qui concerne l'exercice de la nouuelle
Religion, mais renfermée dans des regles iudicieufes qui le modifient, il eft
indubitable dans l'efpece particuliere de
la caufe, que les Preftres qui peuuent

quitter

quitter la Religion Catholique, n'ont
pas la liberté du mariage, mesme apres la
profession de la Religion pretenduë reformée; proposition establie par le 40.
des Articles secrets de l'Edict de Nantes,
conceu dans ces termes qui sont decisifs:
Pour le regard des mariages des Prestres &
personnes Religieuses, qui ont esté cy deuant
contractés; Sa Majesté ne veut pour plu-
sieurs raisons qu'ils en soient recherchez
ny molestez : de la lecture duquel il se recueille que l'intention du feu Roy, qui
tâchoit de reconcilier & de reünir les
esprits, a esté de souffrir seulement, que
les mariages contractés par les Prestres
Apostats auparauant son Edict, fussent
à couuert des loix & de la césure des Ma-
gistrats, en consideration du temps de
ces mariages & des enfans nés durant les
troubles, sous l'esperance de la Paix, &
sous l'asseurance de la foy publique; veu
mesme que l'Amnistie accordée par l'E-
dict de Nátes est generale : Mais que par
les termes du mesme article 40. il se void

B

que l'intention du feu Roy a esté de re-
trancher à l'aduenir le cours de ces infa-
mes mariages, qui attiroient les Prestres
à vne nouuelle Religion, qui les oblige-
roient d'y perseuerer, & de permettre la
liberté de conscience, à l'exemple du
grand Constantin, en abolissant le con-
cubinage : Que ces grands Politiques
compilateurs de l'Edict de Nantes, ont
suiuy les traces des Ministres d'Estat leurs
predecesseurs; & comme dans les Edicts
precedents ces sages Legislateurs leurs
deuanciers, declarerent les Prestres Apostats indignes du benefice de la Paix, &
le crime de leurs mariages irremissible,
que par le diuorce qui leur est prescrit:
comme dans l'Edict de Paix, de l'an 1576.
il ne fut point permis aux Prestres de se
marier impunément, mais seulement
accordé, que pour les mariages desia contractés auparauant l'Edict, ils ne seroiét
point recherchés ny molestés : Qu'ainsi
ces grands personnages qui trauaillerent
à la composition de l'Edict de Nantes,

exempterent de recherche les mariages contractés par les Preftres auparauant l'Edict; mais ne donnerent pas aux Preftres la liberté du mariage pour l'aduenir : Dauantage, que l'impreffion des Sacrements eftant l'onction interieure de Dieu, qui confirme les Catholiques pour fiens, & vne grace non moins immuable que celuy dans la vertu duquel elle eft conferée; le caractere de la Preftrife de l'appellant, qui fert d'inftrument au Sacerdoce du Fils de Dieu, n'eft pas plus effacé par l'apoftafie que le Sacrement de la milice par la perfidie des Deferteurs; & que fi la puiffance de l'exercer eft abolie par fon crime, ny le fceau de l'ordre, ny le vœu de chafteté qui l'accompagne ne peut perir; que l'abiuration de la foy ne difpenfe non plus vn Preftre du vœu tacite du Celibat, que des promeffes folénelles de fon Baptefme; & qu'encore qu'il profane la pureté de fon corps, il demeure confacré de mefme qu'vn Téple. Que l'Eglife dans ce rencó—

tre pourroit reprocher aux seducteurs de l'appellant, ce qu'elle reproche par la voix d'Optat aux Donatistes: *Docete vbi vobis mandatum est radere capita Sacerdotum; inueniſtis fideles antiquos feciſtis pœnitentes, inueniſtis Epiſcopos Presbyteros f ciſtis Laicos; vocem Dei auribus non admittitis qui in Pſalmo ſic ait, Ne tetigeritis vnctos meos & in Prophetas meos manum ne miſeritis:* Et que le caractere de la Preſtriſe de l'appellant eſtant indelebile, l'Egliſe ne pouuoit ſinó s'écrier auec Dieu comme dit Optat: *Pœnitet me vnxiſſe Saül in Regem, ſignum Sacerdotale non deletur, Oleum ſuum non aufert Deus, quia etſi peccatum ſit hominis, vnctio tamen eſt diuinitatis.* Au moyen dequoy conclud à ce qu'il ſoit dit, qu'il a eſté bien iugé par le Bailly de ſainct Pierre le Móſtier, l'appellant declaré non receuable en ſon appel cóme d'abus interietté de la Sentence renduë par l'Official de Neuers, debouté de ſon inſcription en faux, & condamné aux dépens.

DE GAVMONT, pour Monſieur l'E-

uefque de Neuers, dit auoir prefenté re-
quefte pour eftre receu partie interuenante, & auoir intereft que le Sacerdoce
qui tient vn rang fi honnorable dans le
Ciel, ne foit profané fur la terre, que les
vœux dont il eft depofitaire ne foient
violez, & que l'appellant qui eft preue-
nu de crime dont la connoiffance luy
appartient, ne puiffe par voye oblique
fe fouftraire de fa Iurifdiction : Que l'E-
glife tient le Celibat des Preftres de la
tradition des Apoftres : fainct Clement
en fon Epiftre feconde, dit l'auoir appris
de fainct Pierre, & on ne peut monftrer
que dans l'Eglife Romaine, le mariage des Preftres ait iamais efté toleré,
ny dans l'Eglife Grecque pendant les fix
premiers Siecles ; le Canon dixiéme du
Concile d'Ancyre qui n'eftoit qu'vn
Concile Prouincial, compofé de dix-
huict Euefques feulement, ne parlant
que des Diacres qui auoient protefté ne
pouuoir viure dans la continence lors de
leur promotion à l'ordre ; d'où il s'enfuit

que cette licence n'eſtoit accordée aux Preſtres ; le premier Canon du Concile de Neoceſarée , qui n'eſt pareillement qu'vn Concile Prouincial , & dont il ſemble que l'appellant veüille tirer aduantage , punit les Preſtres qui s'eſtoient mariez. La prohibition de tels mariages eſtant aſſez éuidente par l'induction du troiſiéme Canon du Concile Oecumenique de Nice , & l'hiſtoire rapportée par Socrate Nouatian , long temps apres ce Concile eſt vne fable qui ſe détruit d'elle meſme ; & dont les Peres qui y ont aſſiſté, entre autres Euſebe, ne font aucune mention : Qu'encore que ſur la fin du ſeptiéme Siecle par le treiziéme Canon du Concile , vulgairement appellé *in Trullo* , il ait eſté permis aux Preſtres Grecs de retenir les femmes qu'ils auoient auant leur promotion aux Ordres : neantmoins par le troiſiéme Canon , il eſt tres expreſſément defendu à ceux qui y eſtoient deſia promeus, de contracter aucuns mariages , qui ſont

appellez ἄθεσμοι & παράνομοι γάμοι, & comme tels declarés nuls. D'ailleurs les Grecs
n'ont iamais receu le vœu de continence
annexé à l'Ordre comme dit fainct Bafi-
le en fon Canon 19.   Mais qu'en l'Eglife
Romaine, ce vœu n'en a iamais efté fe-
paré, & par le Canon, *Presbyteris dift.* 27.
qui eft du Pape Calixte fecõd, tels mariages font declarez nuls ; le Canon, *Vt lex.*
27. *qu. premiere*, qui eft du Pape Innocent
fecond vfe de ces termes: *Huiufmodi nam-*
que copulationem matrimonium non effe cenfe-
mus. Et le Concile de Trente feffion 24.
Canon 9. prononce anatheme contre
ceux qui difent que tels mariages font
bons & valables : Auffi ceux qui font
initiez aux facrés myfteres, font vn vœu
folemnel , qualifié tel par l'extrauag.
Antiquæ de voto & vo. red. qui attribuë
à l'Eglife vn droict fur eux qu'ils ne luy
peuuent plus difputer, & tout ce qui leur
refte eft d'obeyr : Dauantage ils font
confacrés au feruice de Dieu, la loy de
Moyfe au Leuitique chap. 27. faifoit

gráde difference entre les vœux & les cõ-
fecratiõs, elle permettoit bien de rache-
pter les chofes voüées : mais nõ celles qui
eſtoient confacrées ; & par cette confe-
cratiõ ils ne font pas fimplemét deuoüés,
mais ils reçoiuent vn caraɗere illuſtre
qui les fepare du commun des hommes,
qui n'eſt pas feulement vne marque im-
primée en leurs corps, comme aux Preſtres de la Loy ancienne, mais vne Hui-
le d'Onɗion , qui penetre iufques au
fonds de l'Ame, où elle laiſſe *paɗum Sa-*
cerdotij fempiternum , qui n'eſt point comme la grace muable & changeante felon
les diuers mouuements de fon fuiet, elle
fubfiſte felon la condition de l'agent fuperieur, felon l'eminence du Sacerdoce
de Iefus-Chriſt , duquel elle eſt deriuée
comme vne vertu inſtrumentaire, fpiri-
tuelle, indelebile, qui donne rang dans la
Hierarchie de l'Eglife, qui empéche qu'õ
ne puiſſe retomber en la condition des
Laics : ainfi qu'il eſt porté par le Concile de Trente, feff. 24. chap. 4. Si bien
qu'en.

qu'en quelque Religion qu'ils paſſent ils
retiennent touſiours les liurées du Sacerdoce, leurs vœux deſquels l'obligation
eſt de droit naturel les oblige, & ce qui
eſt plus conſiderable, eſt qu'il y a differéce entre la puiſſance d'abſoudre & celle
de conſacrer, en ce que l'abſolution eſt
vn acte de iuriſdiction, qui dépend de
l'authorité de Superieur, & la conſecration en eſtant indépendante, l'Egliſe n'a
le pouuoir que les Theologiens appel-
lent d'excellence ſur la ſubſtance des Sacremens: Que ſi par les loix de l'Egliſe les
Preſtres ſont inhabiles à contracter mariage, ils ne le ſont pas moins par les loix
de l'Eſtat: dautant que les loix de l'Egliſe
ſont partie du droict public, y ayant
deux puiſſances Souueraines indépen-
dantes, immediatemét ſorties d'vn meſme principe, & qui ſe reüniſſent à vne
meſme fin, leſquelles n'en pouuát & n'en
deuant ſouffrir d'autres, elles obligent
abſolument tous les peuples qui leur
ſont ſouſmis; Pourquoy il eſt neceſſai-
C

re, que si la Religion pretenduë reformée est contraire en la pensée, aux maximes de l'Eglise : au moins quant aux
actions exterieures de la vie, elle doit ce-
der & estre entieremét soufmise à la Religion de l'Estat qui est Catholique : que
pour ces considerations les Roys n'ont
accordé la liberté de conscience à ceux
de la Religió pretenduë reformée, qu'en
obseruant toutes les maximes selon les-
quelles l'Eglise & l'Estat sont gouuernez,
les ayant obligez à la proclamation des
Bancs , leur ayant defendu le mariage,
dans le premier & second degré d'affinité & de consanguinité , de bastir des
Temples en tous lieux, & d'exercer leurs
ceremonies en public, & ne leur ayant
souffert aucune iurisdiction spirituelle
ny temporelle ; & quand la difficulté s'est
presentée des mariages des Prestres, le
Roy Henry IV. d'heureuse memoire
par le 40. des articles secrets de l'Edit de
Nantes, pour plusieurs, & toutes grandes considerations, fait seulement de-

fenfes d'en faire aucunes pourfuites pour
le paffé, & encore auec cette reftriction
de ne pouuoir fucceder par leurs enfans
aux propres de leurs pere & mere : que fi
felon la liberté de leur penfée, il leur
eftoit permis de fe difpenfer des loix, on
verroit bien toft parmy eux diffoudre les
mariages pour caufe d'adultere : comme
leurs autheurs leur enfeignét; & ainfi rui-
ner la paix du Chriftianifme & de l'Eftat.
Et fi le mariage de l'appellant auoit lieu,
les enfans nés auant iceluy, mefme en la
Religion Catholique pourroient eftre
legitimez par fubfequent mariage : &
ainfi ceux qui font reiettés par les Catholiques comme les ouurages d'vne
conionction illicite, feroient receus &
aduoüez legitimes dans la Religion pretenduë reformée, laquelle n'eft pas tolerée comme vne vie licentieufe, laquelle
on puiffe embraffer pour s'émanciper de
la difcipline de l'Eglife, & la Religion
eftant vne profeffion publique de la
grádeur de Dieu, on ne doit point fouf-

C ij

rir que l'ō s'y porte par aucun autre fen-
timent que de zele d' pieté & de refpeċt:
Que l'appellât ne s'eſt pas fi toſt prefenté
au Préche, qu'il a eſté receu, qu'ō a parlé
de fon mariage , & qu'on en a publié les
annonces côtre l'ancienne difcipline de
l'Eglife, qui defiroit tant d'approbations
de ceux qui fe vouloient ranger fous la
Croix , eſtimant que la perfeċtion du
Chriſtianifme ne confiſtoit pas au nom -
bre, mais en la fainċteté de fidelle: s'ils
aymoient la pureté de leur Religion, ils
n'y receuroient que ceux qu'ils y verroiét
entrer par des maximes de vertu, & non
par des libertinages, & ils s'éleueroient
eux mefmes par vne iuſte indignation
contre ceux qui les fuiuent pour abandonner publiquement la continence :
Partant conclud à ce que faifant droiċt
fur fon interuention, la Sentence du Iu-
ge de fainċt Pierre le Monſtier foit con-
firmée, & que fans auoir égard à l'infcription en faux temerairement formée par
l'appellant, apres qu'il n'a voulu conclu-

re en son appel comme d'abus par luy
interietté, il sera rendu à l'Official de l'E-
uesque de Neuers, pour luy estre son
procés fait & parfait.

De Plaix oüy & sa replique, qui
soustenu que la pretention de faux, &
de l'Euesque de Neuers est inestimable,
dautant qu'il est sans exemple & sans rai-
son, que le mariage d'vn homme maieur
puisse estre contredit ny empesché par
collateraux, qui n'ont aucun interest legitime pour luy demander cause de ses
actions, & qu'ayāt changé de Religion,
ainsi qu'il luy est loisible par les Edicts de
Pacification, il n'est plus iusticiable des
officiers Ecclesiastiques, ny obligé de
deferer aux remonstrances & censures de
l'Euesque de Neuers: qu'au fonds, encore
que le 40.des art.particuliers de l'Edict de
Nantes, semble n'auoir esté fait que pour
le passé, & qu'il ne porte point de per-
mission pour l'aduenir ; Neantmoins
par ce mesme Edict la Religion pretenduë reformée, ayant esté authorisée dans

le Royaume, pour donner aux particuliers la liberté toute entiere de leur confcience, & la feureté dans l'exercice de
leur creance, fans inquifition ny crain-
te de recherche; cela fe doit entendre à
l'égard de toutes fortes d'actes ciuils,
pourueu que l'Eftat n'en reçoiue point de
préiudice: Auffi la poffeffion & l'vfage
public & notoire, interprete fuffifam-
ment l'intention de l'Edict, par la tole-
rance de tát de mariages de Preftres & de
Religieux, & iuftifie que l'intention de
l'Edict n'a pas efté de les empécher: & fi
bien dans les occurréces particulieres de
caufe qui en ont efté plaidées, lors que
des Religieux mariez ont plaidé pour
auoir partage ou prouifion d'aliments,
la Cour les en a deboutés en confequen-
ce des regles publiques; & pour maintenir la feureté des familles: d'autre part
l'approbation taifible de leur mariage
qui n'a point efté contefté iuftifie cette
mefme verité, & de fait, la Sentence
dont eft appel, n'a eu autre fondement

qu'vn decret de prife de corps, que l'on
dit auoir efté decreté contre vn particulier le 17. Auril 1638. par le moyen duquel l'on pretend qu'eftant *in reatu*, il
n'a pû fe fouftraire de l'obeïffance & iurifdiction de fon Euefque, encore moins
changer l'eftat & condition de fa perfonne par le mariage, contre lequel
acte, lequel il fouftient eftre vifiblement
faux & antidatté, ils ont formé infcription en faux, & fourny leurs moyens
au Greffe : enfemble contre certain
procés verbal, par l'apoftille duquel il
pretend qu'il eft verifié que cette piece
qui eft du
a efté le fondement de ce decret, qui eft
datté du 17. Auril precedent : Partant
perfifte en fes moyens, & fouftient qu'il
a efté mal iugé.

T A L O N, pour le Procureur general
du Roy, a dit : Que la queftion du mariage des Preftres peut eftre traittée par
deux fortes de perfonnes : Les vns curieux de l'antiquité & de la literature,

qui font bien ayſes d'eſtre inſtruits dans cette iuriſprudence Eccleſiaſtique, & de ſçauoir quelles ont eſté les voyes & les degrés, par leſquels cette pureté s'eſt eſtablie dans l'Egliſe: Les autres, leſquels faiſant profeſſion d'enſeigner, traittent toutes ſortes de queſtions, comme douteuſes & problematiques, quoy qu'elles ne le ſoient pas en effet. Mais dans cette Audience, qui n'eſt pas vn theatre de diſpute, ny vn lieu de conference ou de colloque, il n'eſt pas loiſible de reuoquer en doute les maximes generales de l'Eſtat & de la Religion : il faut reconnoiſtre qu'encores que le Sacrement de Mariage & celuy de l'Ordre, ne ſoient pas incompatibles dans leur inſtitution, que dans la naiſſance de l'Egliſe il ne fût pas loiſible de faire diuorce auec ſa femme, προφάσει δι' ἀλαβείας, comme parlét les Canons des Apoſtres, ſous pretexte de pieté & de fonction Eccleſiaſtique : bien que le celibat & la continence des Eccleſiaſtiques ne ſoit pas recommandée dans l'Eſcriture l'Efcriture ; La Chafteté pourtant eft le fondement & la pierre angulaire des myfteres de noftre falut, κρηπὶς καὶ βάθμος τῆς ἐκκλησίας παρθενία, comme parle fainĉt Epiphane , inftituée par l'exemple des Apoftres , par l'authorité des Conciles, l'vfage & la tradition de tous les fiecles paffés, qui ont accomply cette penfée du Prophete : *Adducent filij Ifraël oblationem in vafe mundo in domum Domini*, quiconque fert à l'Autel, qui eft employé dans les facrifices & le miniftere des chofes fainĉtes en qualité de λιτουργός, d'ordiné, de fanĉtifié, il eft incapable du mariage, par vne refiftance perfonnelle, & vne incapacité canonique, par vne obligation folemnelle, qui procede du vœu taifible de continence auquel il s'eft obligé, & duquel il ne peut fe dédire : voire mefme par l'exemple de toutes les nations Chreftiennes de l'Orient & de l'Occident, dans lefquelles il ne fe trouuera point qu'aucun Preftre aye iamais penfé au mariage depuis fon ordination. L'opi-

D

nion contraire à cette maxime eſt hereſie dans vn Royaume tres-Chreſtien,
& l'action contraire eſt vn crime capital
ſelon nos mœurs. Si vn Preſtre ſe marie,
ſoit qu'il cache ou aduouë ſon Ordre,
il peut eſtre pourſuiuy extraordinaire-
ment, non ſeulement à la requeſte de
celle qu'il a abuſée, mais meſmes à la di-
ligence de Monſieur le Procureur general, ou de ſes Subſtituts : les exemples en
ſont publics à la Tournelle. Et ſi vn
homme marié ſe faiſoit promouuoir à
l'ordre de Preſtriſe, ſon impieté paſſe-
roit pour vn ſacrilege, pour vne propha-
nation de Sacrement; crime qui merite
la mort. Mais l'on demande ſi vn Preſtre, ayant fait profeſſion de la Religion
pretenduë reformée, & s'eſtant engagé
dans vne nouuelle confeſſion de Foy
permiſe & ſoufferte publiquement dans
le Royaume; de laquelle il peut exercer
auec liberté toutes les fonctions ſans ap-
prehenſion de recherche, d'inquiſition
ny de trouble en ſa conſcience ; s'il peut

eftre empefché de contraƈter vn mariage, lequel luy eft permis dans la Religion
nouuelle qu'il a embraffée. Car en vain
tous les Ediƈts de Pacification, inutiles
toutes les Declarations de nos Roys, qui
portent le titre de liberté de confcience,
& ne veulent pas qu'aucune violence foit
faite dans l'exercice de la Religion. Si
cette liberté a des bornes; s'il eft permis
de changer de Religion & de foy iufques
à vne certaine concurrence ; & s'il n'eft
pas loifible d'executer dans fa famille,
ce qu'il eft loifible de croire dans fon
cœur. Cefte obieƈtion en laquelle feule
confifte la difficulté de cette caufe eft re-
foluë par le 40. des articles particuliers
de l'Ediƈt de Nantes, lefquels bien qu'ils
n'ayent pas efté verifiés en la Cour, s'ob-
feruent neantmoins de bonne foy: mais
à la lettre, comme des priuileges & des
paffedroits, des difpofitions exorbitan-
tes de droit commun, qui ne font pas fuf-
ceptibles d'extenfion. Lors que l'Ediƈt de
Nantes a efté publié il y auoit 50. ans ou

D ij

enuiron que la nouuelle doctrine, qui
s'appelle maintenant Religion pretenduë reformée, s'enfeignoit dans le Royaume, & qu'en plufieurs endroits elle s'e-
ftoit authorifée, la plufpart furpris de la
penfée d'vne reformatiõ veritable & du
rétabliffemét des anciénes mœurs. D'autres curieux d'vne doctrine nouuelle, &
qui leur eftoit inconnuë, auoiét embraf-
fé cette croyance: mais par deffus tous les
differens partis qui lors eftoient dans l'E-
ftat, & qui ne s'authorifent iamais mieux
que dás vn differẽd de Religion, y auoiét
engagé plufieurs familles illuftres, & des
prouinces toutes entieres à leur imita-
tion. Pour concilier les efprits, diuerfes
voyes furent tentées, diuerfes conferen-
ces & traictés auoient efté faits : mais
par ce que dans toutes les rencontres les
hommes y agiffoient par leur conduite
particuliere, par vn efprit d'intereft, par
des deffeins domeftiques de familles ou
d'Eftat, les mefmes motifs qui auoient
donné lieu aux Edicts & Declarations

premieres de nos Roys furent la caufe de
la rupture & de l'inexecution : en fin le
pretexte de la Religion, fut l'occafion
d'vne guerre Ciuile, d'vne émotion
generale dans le Royaume, d'vne di-
uifion & maladie tellement vniuerfelle, que felon les apparences ordinai-
res, elle deuoit eftre la fin ou le changement de l'Eftat, fi la Prouidence fupe-
rieure qui fe mocque des deffeins des
hommes, n'en eût autrement difpofé,
conferuant en la perfonne du defunct
Roy, l'Eftat & la Religion tout enfemble. Ce Prince qui poffedoit à titre de
fucceffion & de conquefte l'heritage des
Fleurs-de-Lys, qui fçauoit que la violence auoit efté & feroit toufiours inutile
dans les differends de la Religion, qui
n'ignoroit pas que l'vnion & la paix
eftoit la mere de la vraye pieté, defirát de
faire viure fes Suiets en repos & tranqui-
lité publique, nonobftant la difference
des Religions, dont le remede doit eftre
referué à Dieu feul; fit dreffer l'Edict de

Nantes par deux ou trois grands per-
fonnages du Royaume , dans lequel
eftabliffant vne difference perpetuelle
entre l'interieur & l'exterieur, le for de
la confcience & celuy de la police ciuile, l'obligation enuers Dieu & enuers
les hommes, il a conferué toutes les maximes generales de l'Eftat, n'a point donné atteinte aux loix publiques du Royaume, aux Ordonnances ny aux Cou-
ftumes qui concernét la Iuftice particuliere : mais il a efté indulgent à la necef-
fité, il a toleré ce qu'il ne pouuoit em-
pêcher, il a relâché ce qui eftoit de fon
intereft, qui eft l'intereft du public : Et
côme Dieu feul eft fcrutateur des cœurs,
il luy en a laiffé le iugemét & la verité, &
à fes fuiets la liberté de confcience, fans
inquifition pour l'interieur : mais auec
difference toute entiere entre la Religion Catholique, qui eft la foy de nos
anceftres, & la Religion de l'Eftat, d'auec
celle qui s'appelle pretenduë reformée.
Pour cela obferués l'œconomie de l'E-

dict de Nantes , il conserue & rétablit
l'exercice de la Religion Catholique
dans tous les lieux & endroits du Royaume, fans exception ny diftinction quelconque, reintegre les Ecclefiaftiques en
tous leurs biens occupez, par qui & par
quelque temps que fe foit, ordonne que
les Feftes de l'Eglife feront obferuées
vniuerfellement, les dixmes payées aux
Ecclefiaftiques par tout : D'autre part,
il permet la liberté de confcience, mais
l'exercice dans certains lieux feulement:
comme de Bailliages , de fief d'haubert,
& ville de feureté, les Efcholes publiques, & l'impreffion des Liures de Con-
trouerfes permifes aux mefmes lieux feulement , & defenduës par tout ailleurs.
En vn mot toutes recherches fur l'interieur, fur la confcience, fur l'efprit & la
volonté des hommes eft interdite; mais
au furplus les regles publiques de l'Eftat,
de la police exterieure, de la feureté des
familles font conferuées. Que fera-t'il du
mariage des Preftres & des Moines, qui

ont changé de creance, & de Religion, qui font profeffion de la pretenduë reformée ; obferués l'adreffe , la legalité politique,& la iuftice particuliere de ceft article : Pour le regard des mariages des Preftres & perfonnes Religieufes qui ont efté cy deuant contractés, le Roy n'entend pas qu'ils en foient recherchez: l'Edict n'authorife pas l'action, il ne confirme pas le mariage, il n'approuue pas vne conióction laquelle en verité eft illegitime & facrilege; mais il empefche que les particuliers en foient recherchez, il met à couuert leurs perfonnes, non pas par approbation, mais par oubliance , par amniftie, par indulgence du paffé : Et de fait, les enfans fouffrent la tache de cette naiffance, parce que l'Edict porte, que ceux qui naiftront de ce mariage, fuccederont aux meubles, acquefts & conquefts feulement, ils font exclus de la fucceffion des propres de leurs peres & meres; & il paffe plus auant ; car quoy que les perfonnes Religieufes ne foient

point

point recherchées dans leur mariage,
non feulement ils ne pourront recüeillir
aucune fucceffion directe ny collaterale,
non pas mefmes donation quelconque
de leurs parens en directe & collaterale,
en telle forte que fi bien par vne coni-
uence neceffaire, par vne grace forcée,
le Roy a voulu diffimuler vne mauuaife
action & empécher la recherche, ç'a efté
auec cette double côfideration;l'vne,que
cette grace n'auroit lieu que pour le paffé; l'autre, qu'elle ne feroit pas préiudice aux familles, par ce qu'à l'égard des
Religieux la faculté de fucceder leur eft
interdite, mefmes la puiffance de receuoir gratification de leurs parens , par
quelque difpofition que ce peût eftre:
Et à l'égard des Preftres , leurs propres
ne peuuent appartenir à leurs enfans, &
par ce moyen demeurent & fe conferuét
dans la famille. En effect l'ardeur des
guerres ciuiles auoit partagé l'Eftat ainfi
que les efprits, chacun s'étoit cantoné
dans fon party & dans l'imagination des

E

euenements, dont les particuliers fe flat-
tent felon leur penfée & leur fouhait:
Les hommes ayant confondu les loix du
Royaume auec les maximes d'vne nouuelle Religion, ces mariages ja contra-
&tés fe fouftenoient ce femble par vne
efpece de bône foy politique. Pour cette
confideratió le Roy pardónant aux particuliers ce qui pouuoit eftre du paffé, il
a tefmoigné qu'vn mariage de cette qualité eftoit iniufte en foy, criminel & con-
dánable, & qu'il ne pouuoit eftre permis
à l'aduenir, dont il ne faut autre preuue
finó que pour en empefcher la pourfuite,
il donne abolition aux particuliers. Car
l'article 40. dont il a efté parlé cy-deffus,
qui impofe filence au Procureur general, & qui ne veut pas que ces fortes de
mariages foient recherchées à l'aduenir,
contient vne abolition de pleine puiffance & d'authorité abfoluë, qui marque
le crime quoy qu'elle l'efface, ou pluftoft
qu'elle en empéche la punition, & la re-
ferue à Dieu feul: Ce que l'Empereur a

voulu dire en la loy 9. au. C. *ad legem Cor-*
neliam, de falfis: fi criminaliter cæptum iudi-
cium introuentu indulgentiæ fopitum eft, habes
tamen refiduam indignationem: Comme s'il
vouloit dire que le pardon eft vn témoi-
gnage neceffaire du peché,& que l'indulgence du paffé, eft vne prohibition ex-
preffe pour l'aduenir , felon la difpofition de cette loy commune, 22. au *ff. de*
legibus, Cùm lex in præteritum indulget, in fu-
turũ vetat. Ce qui fe remarque dans la fuite & dans la tiffure de l'Edict: car comme
par la Declaration de l'année 1576. il
auoit efté enioinct à ceux qui faifoient
profeffion de la Religion pretenduë reformée , d'obferuer en leur mariage les
loix receuës en l'Eglife, pour les degrez
de confanguinité & affinité : neantmoins pour les mariages ja contractés au
tiers & quart degré, l'article 10. de cette Declaration ne veut pas qu'ils en puif-
fent eftre moleftés ny inquietés : & pour
le regard du mariage des Prefttres, la mefme Declaration article 9. veut que ceux

E ij

qui ont esté cy-deuant cõtraƈtés ne puif-
fent eftre recherchés. Lors que l'Ediƈt de
Nátes fut redigé par écrit, ceux qui y trauaillerent firent difference entre le mariage d'vn Preftre, ou vn mariage con-
traƈté en degré prohibé: le dernier eft v-
ne faute, mais pardonnable, remiffible,
difpenfable : mais celuy qui eft con-
traƈté par vn Preftre eft vn crime public.
Pour cela ils ont fait differéce entre l'vn
& l'autre , & ont permis à l'aduenir les
mariages au 3. & 4. degrés entre ceux de
la Religió pretenduë reformée, tant pour
le regard de ceux qui font ja contraƈtés
que ceux qu'ils contraƈteront à l'aduenir: mais à l'égard du mariage des Preftres & autres perfónes Religieufes la difpenfe n'eft que pour le paffé , & n'y a
point de permiffion ny de licence pour
l'aduenir; Ainfi l'affaire féble eftre redui-
te aux termes de la loy, 2 au C. *de generali*
abolitione, cùm eo tépore quo indulgétia noftra
crimina extinxit, accufatio à te inftituta nõ eft,
publicæ abolitionis præfcriptio ceffat. Adiou-

ſtons à la verité de l'Edict, l'authorité des loix politiques, les raiſons & les ſentimens de la iuſtice particuliere, quiconque faiſant profeſſion de la Religion Catholique s'engage dans la profeſſion Monaſtique ou dans les Ordres ſacrés, il contracte auec Dieu & auec les hommes; il acquiert vne qualité qui dans le monde luy donne des priuileges & des aduantages deuant Dieu s'il en vſe bien; il entre dans l'ordre du Clergé le premier du Royaume; s'il eſt Religieux, il paſſe dans vne famille nouuelle, en laquelle par vne eſpece d'adoption parfaite, il trouue vne legitime aſſeurée, vne retraicte pour le reſte de ſes iours; s'il eſt Preſtre, ſon titre Sacerdotale eſt vn bien inalienable; s'il eſt pourueu de benefices, le droict de ſucceder dans ſa famille ne luy eſt point oſté; & ſi bien il ne peut auoir des enfans legitimes, il a la liberté toute entiere de diſpoſer de ſes biens : quoy que facent ſes parens ils ne peuuent alterer ſa condition, quelque changement qu'il arriue en la perfonne & la creance de fes proches, il conferue les priuileges & aduantages publics & particuliers de fon caractere, exempt d'impofitions, de tutelles, de tailles, de coruées, de guet, garde, & autres femb'ables : mais auffi quoy qu'il face de fa part, quelque chan- gement qui fe récontre dans fes mœurs, dans fon efprit & dans fa creance, il ne peut faire preiudice aux loix publiques de l'Eftat, ny aux établiffements dome- ftiques de fa famille ; il peut faire préiu- dice à fa confcience, faire profeffion de la Religion pretenduë reformée, il n'en fera point inquieté ny recherché à cau- fe du benefice des Edicts. Mais fous pre- texte de cette croiance nouuelle & de ce changement de Religion, il ne peut pas heurter les loix vniuerfelles du Royau- me, pour faire que ce qui eft vn crime dans le public, luy foit loifible & per- mis dans fon particulier: & pour cela nous fouftenons, que non feulement en termes de Theologie , & dans les maximes de noſtre Religion, mais meſmes dans les regles de la politique, & mettant en eſgalité de la balance l'vne & l'autre Religion, qui eſt le plus grand aduantage que les appellans puiſſent pretendre, que le mariage doit eſtre defendu aux Preſtres, quoy qu'ils changent de Religion, parce que nous apprenons par noſtre ancienne police d'Egliſe, que outre l'authorité & la puiſſance de la conſecration, non ſeulement le conſentement du peuple & du Clergé eſtoient neceſſaires à la promotion d'vn Preſtre, mais meſmes la licence du Prince, la permiſſion du ſouuerain : & tout ainſi que l'Egliſe ne peut poſſeder vn heritage qui ne ſoit amorty parce qu'il ſort du commerce, & qu'il eſt rendu inutile aux charges de l'Eſtat ; ainſi dans l'ancienne police de l'Egliſe & de l'Eſtat, iuſtifiée non ſeulemēt par les Capitulaires de nos Roys, mais auſſi par l'établiſſement de nos Conciles François, perſonne ne pouuoit entrer dans le Clergé, *& licentiam* *habere comam capitis sui tonsurare*, sans l'authorité precise du Prince, qu'ils aploient dans les anciennes formules, *præceptum Regium*, & dās nos Conciles François, *sine Regis iußione aut iudicis voluntate*, Concile premier d'Orleans Canon 4. Parce que ceux qui entrent dans le Clergé, quoy qu'ils ne perdent pas le titre & la qualité de Suiets du Roy, ils ont tant d'exemptions & de priuileges, qu'ils sont rendus comme inutiles és fonctions publiques de l'Estat, exempts de tailles, déchargez de coruées personnelles, de seruir dans les armées, de payer de leurs personnes, ny de cōtribuer de leurs biens: le seul aduantage que l'Estat en reçoit est que ces hommes sont deuoüés au seruice de Dieu, la seule obligation qu'ils contractent dans le public est le celibat, la necessité de ne se point marier, la décharge des familles: & tout ainsi que ces priuileges, ces graces & ces aduantages particuliers introduits par la loy humaine au profit de l'ordre Ecclesiastique, ne

peuuent

peuuent pas eftre combatus ny reuoqués
en doute par tous leurs proches parens,
quoy qu'ils euffent chang de Religion:
vne famille toute entiere faifant profeffion de la Religion pretenduë reformée,
quoy qu'elle ne croye pas que l'ordre de
Preftrife foit vn Sacrement, eft obligée
pourtant de fouffrir & de deferer aux
priuileges de la Clericature acquis à l'vn
de leurs parens, & ne pourroit pas con-
traindre vn Preftre d'accepter vne tutele;
Ainfi vn particulier qui eftant fait Preftre change de Religion, il peut bien
auoir telle creance que bon luy femble;il
eft maiftre de fa côfcience & de fon interieur, mais il ne peut pas manquer à cette obligation publique, faire faux bon
au celibat qu'il a voüé, & par le moien
duquel le droit eft acquis à fes proches,
fçauoir qu'il ne fe mariera iamais. Paf-
fons plus auant : Nous confiderons en
France le mariage (ce qu'il eft en verité)
vn contract ciuil éleué à la dignité du
Sacrement, vn lien indiffoluble, vne

F

conionction diuine que les hommes ne peuuent diſſoudre ; & pour cela le mariage ne peut & ne doit eſtre permis qu'à ceux qui ſont en eſtat de s'obliger veritablement , qui eſtans maiſtres de leur corps & de leur eſprit, ſont capablesd'engager l'vn & l'autre ſans eſperance de reſolution. Que ſi vn Preſtre parce qu'il a fait profeſſion de la Religion pretenduë reformée peut librement ſe marier, il peut apres ſon mariage retourner à l'Egliſe & abiurer l'hereſie : quoy faiſant il demeure dans la verité de ſon ordre & la puiſſance de ſon caractere. Que ſi apres auoir fait penitence, il luy eſt loiſible de vacquer aux fonctions du Sacerdoce, cette femme qu'il aura épouſée le reuendiquera-t'elle comme ſon mary, pour l'empeſcher de ſe conuertir, le pourra-t'elle arracher de l'Autel, pour l'obliger de retourner à ſa famille, ou le pourſuiure comme vn ſeducteur qui l'aura abuſée; ou bien aurons nous quelque cas en France, auquel il ſoit loiſible de fai-

re diuorce auec fa femme. Car s'il eſt permis à vn Preſtre de changer de Religion,
il luy doit eſtre permis de fe faire Catholique & retourner à fa premiere creance, dans laquelle il eſt obligé à l'execution de fes ordres, & à l'obſeruation du
celibat, par vn contract plus ancien, &
par vne obligation plus puiſſante que
celle de fon mariage, lequel par ce moien
ne fera pas vn lien indiſſoluble, mais vn
contract fuiet à refolution, duquel la
durée dépendra de la liberté de conſcience & du changement de Religion :
Au moien dequoy tel mariage ne doit
point eſtre permis non ſeulement par les
maximes de la Religion, mais par les regles publiques de l'Eſtat, qui ne ſouffrent
pas qu'vn mariage public puiſſe eſtre vn
contract fuiet à refolution : auſſi la vraye
raiſon pour laquelle les Miniſtres s'ef-
forcent d'engager dans le mariage les
Preſtres & Religieux, n'eſt autre ſinon
pour les détourner par toute forte de
voyes de fe conuertir & retourner à leur

premiere condition, s'imaginant que la
confideration d'vne femme & des enfans
qui peuuent furuenir, font bien fouuent
des obftacles qui empefchent vn hôme
d'ouurir les yeux à la verité. Mais le mefme inconuenient qui a efté cy-deffus al-
legué, doit auoir lieu pareillement à l'é-
gard de la femme qui aura époufé ce Preftre, laquelle fe faifant Catholique, ne fera plus obligée d'adherer auec luy à caufe du vice qui aura efté dans le principe
de ce mariage. Et tout ainfi qu'vn particulier faifant profeffion de la Religion
pretenduë reformée, fe faifant Catholique, ne peut pas quitter fa femme pour fe
faire promouuoir à l'Ordre de Preftrife,
ou faire profeffion Monaftique, fous
pretexte qu'il abandonne vne Religion
en laquelle il ne croit pas qu'il y ait de Sacrement au mariage; Et que les Docteurs
Catholiques enfeignent qu'il n'y a point
de Sacrement, s'il n'eft contracté deuant
le propre Curé : neantmoins, parce qu'il
n'eft pas raifonnable que le changement

de Religion face preiudice à vn tiers, il
est obligé & selon les loix de la police
exterieure & de la conscience, d'adherer
auec sa femme , & de sanctifier en sa
creance le mariage qu'il a contracté dans
son erreur; Ainsi vn Prestre obligé non
seulement enuers Dieu, mais mesmes à
l'égard des hommes, de garder la continence & le celibat, ne peut pas sous pretexte de changement de Religion faire
preiudice à sa famille, ny aux loix publiques de l'Estat. Si bien qu'il faut faire
difference entre la liberté de conscience
& la liberté des actions exterieures, parce qu'ainsi qu'il est permis à tous ceux
qui font profession de la Religion pretenduë reformée, de croire ce que bon
leur semble des mysteres les plus augu-
stes de nostre Religion; voire mesmes ils
ne font pas recherchés quoy qu'ils en di-
sent dans leurs Presches & dans leurs Liures de Controuerse : Neantmoins non
seulement toute sorte de scandale & d'ir-
reuerence leur est interdite dans le pu-

blic , mais mefmes ils font obligés de porter honneur & refpeét aux myfteres qu'ils ne croiét pas, & accommoder leur creance à la loy publique de l'Eftat; ce qu'ils font d'autant plus obligés de faire dans les mariages, qui font aétions mixtes en foy , & toutes politiques à leur égard. Ce qui procede d'vne propofition plus releuée, fçauoir eft, que l'obligation du mariage & la fainéteté de l'Ordre ne dépendent pas de la creance, ny de la péfée des particuliers: il y a vne verité eternelle, vn ordre fuperieur qui doit eftre la regle & le niueau de nos aétions: la legereté de noftre efprit, la liberté de noftre creance, & le libertinage de nos mœurs, n'eft pas la mefure du droit public. Il y a des établiffeméts generaux qui ont efté deuát & feront apres nous , qui doiuent feruir à la conduite, marquer le bié ou le mal de noftre vie. Les maximes de la Religió Catholique, de la Religion du Roy & de l'Eftat, nous enfeignent & nous obligét de croire que le caraétere de

Preſtriſe eſt vne marque ſpirituelle, vne qualité figurante, en laquelle conſiſte la participation du Sacerdoce de Ieſus-Chriſt, le Pontife primitif & eſſentiel de l'Egliſe, laquelle eſt au Ciel & en la Terre ; marque qui eſt le ſymbole de ceux qui ſont choiſis pour vacquer au miniſtere dela hierarchie Eccleſiaſtique, & à la diſpenſation des myſteres, laquelle s'imprime par vne ceremonie publique, & par vne certaine conſecration qui rend les hommes capables des fonctions de ſaincteté, & les ſanctifiant eux meſmes, leur met à la main la puiſſance de noſtre ſanctification, par la confection, par l'vſage & l'adminiſtration des Sacremens, qui ſont les ſeules voyes neceſſaires de noſtre iuſtification : De ſorte qu'ils peuuent ſe vanter de la meſme grace dont a parlé l'Apoſtre en la ſeconde aux Corinthiens : *Qui vnxit nos Deus eſt qui & ſignauit nos, & dedit pignus ſpiritus in cordibus noſtris.* Faiſant conionction de la conſecration & du caractere, de la puiſſance qui eſt communiquée & de la marque qui s'imprime, qui n'eſt autre choſe qu'vn cachet, & vn ſceau immateriel & inuiſible, lequel penetrant au delà des facultés, s'attache à l'eſſence de l'ame, & en cette ſorte il eſt indelebile & incapable de corruption, non ſeulement par la qualité de ſon ſuiet, mais par le defaut de contraire. Car tout ainſi que la marque de la Monnoye, la graueure d'vne medaille, & tout autre ouurage de burin, ne s'efface iamais que par la fonte du metail, l'enleuement de la matiere, ou le changement du ſuiet; le caractere Sacerdotal imprimé non pas dans les organes corporels, ny dans la puiſſance de l'ame, mais dans ſon eſſence, ne peut receuoir de décheance ny de corruption, non plus que le ſuiet dans lequel il reſide, qui n'eſt pas ſuſceptible d'alteration. Les eſpeces & les images receuës & multipliées dans noſtre memoire s'éuanouiſſent & ſe perdent, parce qu'elles ont pour fondement vne partie ſenſitiue, & par conſequent

pe-

periſſable; les figures de l'imagination nous échappent à cauſe qu'elles reſident dans certains eſprits ſuceptibles de cor-ruption: mais le caractere duquel nous parlons eſtant ſemblable à celuy du Ba-pteſme & de la Confirmation, attaché dans vn ſuiet permanent & incorrupti-ble, eſt l'image & le ſymbole du Sacer-doce de Ieſus-Chriſt, qui eſt eternel dans ſa durée, comme il a eſté dans ſon prin-cipe. Que ſi les pierres d'vn edifice con-ſacré ſont ſainctes tant que le baſtiment ſubſiſte en ſon entier: Si la marque gra-uée ſur le front d'vn eſclaue conſeruant la puiſſance & l'authorité de ſon mai-ſtre, conſerue pareillement le témoigna-ge de ſa ſeruitude & de ſa condition quoy qu'il ſoit fugitif; & ſi la Monnoye doit eſtre renduë à Ceſar, parce qu'elle eſt frappée à ſon coin & marquée à ſon image: nous diſons hardiment que l'e-xecution d'vn contract, d'vne promeſſe & d'vne obligation eſtant non ſeule-ment de droit ciuil, mais de droit natu-

rel, plus ancien que toute forte de 'iurif-
prudence, vn Preltre qui par fa promotion aux ordres facrés, elt entré dans la
hierarchie, qui s'eft enroollé dans la milice de l'Eglife, qui deuant Dieu & deuant les hommes s'eft acquis vne condition nouuelle , vne dignité confidera-
ble, vn priuilege attaché à fa perfonne:
tout ainfi que viuant dans les termes de
fon deuoir, il ne peut perdre ce qu'il a acquis, & ne peut décheoir par le fait de qui
que ce foit, des aduantages qu'il poffede
en vertu de fon ordre; ainfi il n'eft pas
en fa puiffance par le changement & la
legereté de fon efprit, de fe détacher d'v-
ne obligation qu'il a contractée, fe libe-
rer de fa promeffe & de fon vœu, renôcer
à la loy taifible & publique de fa condition, lors que volontairement il a pris
les ordres facrés. Et quoy que par fa dé-
fection & fon apoftafie, il foit eftrangé
de l'Eglife quant à la grace, quant à l'v-
nion de la foy, à la communion des Sacrements, & à la difficulté de la reconci-

liation , parce que *voluntariè peccantibus pro peccato non est hostia* : il demeure pourtant iusticiable quant à sa personne, excommunié par les Conciles, priué de la participation des mysteres, degradé de l'honneur, du respect & de la reuerence deuë à son ministere : mais non pas dépoüillé de la puissance, de la vertu & du caractere. Nous confirmons cette proposition par vne pensée d'vn grand personnage Guillaume Euesque de Paris, qui viuoit il y a 400. ans , celuy qui est constitué Procureur , quelque changement qui arriue en sa personne, quelque mutation qui se monstre en son corps & en son esprit , conserue le titre & la qualité de la fonction, qu'il peut vallablement exercer iusques à ce que actuellement il ayt esté reuoqué; Ainsi le Prestre estably mediateur entre le Ciel & les hommes, pour offrir au nom de l'Eglise vn sacrifice d'expiation , reconcilier le peuple auec Dieu ; quoy qu'il soit dans l'erreur, dans l'infidelité, dans l'aposta-

fie, il demeure neantmoins dans la puiffance & la verité de fa vocation, iufqu'à
ce que la mefme authorité que luy a con-
feré le Sacrement le luy arrache, qu'il foit
defordonné, dégradé par l'Eglife , non
pas par vne ceremonie exterieure , telle
qui s'obferue à l'endroit des criminels,
mais par quelque vertu & puiffance de-
ftructiue, contraire au Sacrement, effi-
cace pour diffoudre & en effacer l'impreffion : mais puifque l'Eglife n'a point
de peines, de condamnations, ny d'ana-
themes de cette qualité, & que pour par-
ler aux termes de l'Efcole, les Sacrements
n'ont point de contraires , l'Eglife ne
débaptife point, ne démarie point; ainfi
elle n'efface point la Confirmation, ny
l'Ordre de Preftrife , parce que comme
parle l'Apoftre 2. *ad Corinthios*, fa ri-
gueur & fa dureté eft pour édifier, & non
pas pour deftruire, pour faire peur aux
hommes, & non pas pour les defefperer,
l'extremité de fa puiffance qui confifte
au retranchement de la communion en

la denonciation publique, difons à li-
urer le corps à Satan, non pas pour le
perdre & l'abandonner fans refource,
mais afin que la honte du chaftiment
ferue à l'expiation de fa faute, & l'oblige
à rentrer dans luy-mefme, & retourner à
fon deuoir: *tradere Satanæ in interitû carnis
vt fpiritus faluus fiat*, pour fanctifier l'efprit, & non pour le perdre, pour le re-
dreffer & non pas pour luy ofter le caractere & fa marque de la fainĉteté. Que
fi la loy de l'Euangile peut receuoir quelque efclairciffement par l'exemple de la
loy de Moyfe, les Leuites qui auoient
facrifié aux Idoles, adoré des diuinités
eftrangeres, & fait fcandale dans le peuple de Dieu, ils porteront, dit le Prophete, la peine de leur iniquité : *Leuaui manum fuper eos, & portabût iniquitatem fuam,
non accedent ad me vt facerdotio fungantur
mihi.* Ils feront fufpendus, interdits de
l'exercice de leurs charges : mais ils ne feront pas reduits au nombre des Laïques,
chaffez de leur tribut ; ains pour vne pe-

nitence & satisfaction publique, ils feront reduits dans l'estat des petits officiers, & des moindres ministres du Temple : *Erunt in sanctuario meo æd.tui & ianitores portarum.* Et c'est ainsi qu'il faut interpreter la disposition des premiers Conciles, dans lesquels quand il est parlé des Euesques & des Prestres tombez en heresie : comme en la personne de *Potamius Episcopus Bracarensis,* duquel il est parlé à la fin du Concile X. de Tolede, le Canon porte. *quos ab honore deiicere antiquitas paterna decernit,* ou bien, *ab ordinationibus submouere.* comme parle *Concilium Valentinum primum,* canon 4. cela s'entend de l'hóneur, du degré, de l'exercice. & non pas de l'ordre, de la puissance, ny du caractere ; Ainsi ceux qui pour penitence estoient reduits à la Communion Laïque , n'estoient pas pourtant dégradés ny deposés de leur ordre ; mais au lieu qu'ils auoient coustume selon l'vsage de l'Eglise, de communier à l'Autel auec leurs Confreres, ils estoient obli-

gez de defcendre auec le peuple, & communier laïquement auec les Laïques:
ainfi le Canon premier du Concile
d'Ancyre: *Diaconos qui facrificauerũt, poft-
ea autem reluctati funt, illum quidem hono-
rem habere, ipfos autem ab omni Sacerdotali
officio ceffare.* Pour cela, toute l'Eglife a
toufiours enfeigné & l'enfeigne encore
à prefent, que l'ordre de Preftrife ainfi
que celuy du Baptefme, ne fe reïtere iamais, & quelque crime qu'vn Ecclefiafti-
que aye commis, il ne perd iamais la
puiffance de fon ordre : dont il ne faut
autre authorité que celle de fainct Au-
guftin, au Liure 2. contre Parmenien
chap. 13. Mais outre les confiderations
generales, & dans lefquelles nous efti-
mons la caufe deuoir eftre iugée, nous
ne pouuons obmettre les circonftances
qui naiffent de l'hypothefe de cette caufe, en laquelle nous confiderons l'appellant nourry toute fa vie dans la Religion
Catholique, promeu aux Ordres facrés,
pourueu d'vne Cure & d'vn Canonicat,

dans la fonction defquels il s'eft oublié de telle forte qu'il a donné lieu à des informations qui ont efté faites contre luy, dans lefquelles fa diffolution, fa débauche & fon fcandale font pleinement iuftifiées: neantmoins l'efperance d'vne meilleure vie, la promeffe qu'il a faite à fon Euefque, la denegation & le defaueu de fon crime, qui eft vne efpece de penitence, ou du moins vne reconnoiffance de fa faute, luy ont fait obtenir l'élargiffement de fa perfonne, apres auoir remply le decret & fuby l'interrogatoire dans l'Officialité. Et neantmoins cét homme qui eftoit dans l'obligation de fa confcience, dans les liens du for exterieur *ampliatus*, pour fatisfaire impunément aux inclinations de la débauche, de l'ordure & du peché, il croit changeant de Religion changer de confcience, & non feulement fe fouftraire au chaftiment public & exemplaire ; mais mefme afpirant à vn mariage, fonner le toccin à tous les Ecclefiaftiques mal viuans,

uans , authorifer publiquement l'apoftafie, l'impieté & le facrilege : Nous ne
pouuons nous empefcher de fouffrir
quelque émotion dans nous mefmes, qui
nous oblige de refifterà cette pretention,
pour faire en forte qu'en nos iours, ce
preiudice ne foit pas fait à l'Eglife, à la
Religion, & à l'Eftat. Et de faict, cette
mefme queftion s'eftant prefentée d'autres fois en l'Audience, fçauoir, au mois
de Iuin de l'année 1596. & Iuillet 1604.
non pas pour la validité du mariage,
mais pour la fucceffion des enfans iffus
de telles conionctions , ceux qui por-
toient la parole en nos places, ne fe font
point departis des propofitions & maximes generales d'hónefteté & de bien féa-
ce , qui aboutiffent à condamner les
actions de cette qualité; les Regiftres de
la Cour contiennent le playdoier de
Monfieur l'Aduocat general Seruin, en
l'action qui fut intentée par celle qui fe
difoit vefue du Cardinal de Chaftillon:
mariage qu'on fouftenoit auoir efté

H

contracté dans la chaleur des premiers
troubles, & que l'on defendoit en vertu
des Articles des Edicts & Declarations.
Mais outre ce qui s'en recueille de la lecture des actes qui nous en sont demeu-
rez, nous auons appris que dés l'année
1564. le Cardinal de Lorraine ayant af-
femblé vn Concile Prouincial à Rheims,
auquel le Cardinal de Chaftillon deuoit
cõparoir en qualité d'Euefque de Beauuais, les Suffragans affemblés pour deli-
berer fur fon abfence, declarerét qu'ayát
efté excommunié à Rome en qualité
d'Heretique notoire, il eftoit raifonnable
d'en écrire, & d'en aduertir le Roy. Ce
qu'ayant efté fait, en fuite fon procés
luy fut fait en cette Cour; & par Arreft
du 11. Mars 1569. il fut declaré rebelle
& criminel de leze Majefté au premier
chef, priué de tous eftats, offices & di-
gnités, mefmes de celle de Pairie; & pour
le regard du delict commun rendu à fon
Superieur: mais auec ce *retentum*, qui fe
trouue dans vn Arreft du 17. du mefme

mois, que pour maintenir les libertés de
l'Eglise Gallicane, qui ont toufiours esté
defenduës par les Roys tres Chreftiens,
au veu & fçeu des Saincts Peres Papes
de Rome: Que la Cour a entendu que le
Superieur, auquel le Cardinal de Chaftillon Euefque de Beauuais eft rendu pour
luy faire fon procés, eft l'Archeuefque
de Rheims Superieur Metropolitain,
duquel l'Euefque de Beauuais eft Suffra-
gant, pour par ledit Archeuefque, appellez les autres Suffragans Euefques s'ils fe
trouuent en nombre, finon par les Euefques circonuoifins, eftre fait le procés audit Cardinal felon les decrets &
conftitutions Canoniques, fans que ledit Cardinal puiffe eftre traitté & tiré
hors ce Royaume. Ce qui iuftifie que la
Cour en l'année 1604. ayant appointé la
caufe au Confeil, auoit eu des mouue-
mens & des raifons extraordinaires de ce
faire, autres que celles qui paroiffent in-
ferées dans l'Arreft; ioinct que fi le mariage du Cardinal de Chaftillon eût efté

H ij

veritable, la confideration du temps auquel il auoit esté contracté, pouuoit feruir pour donner aux enfans quelque
prouifion pour viure. Mais cette mefme
question s'eftant prefentée au mois de
Mars de l'année 1626. la Cour n'y fit
point de difficulté; Le fieur de la Ferté-
Imbaut, fe plaignoit du mariage contracté par fon frere le Cheualier de Mal-
the, & en cette qualité Religieux profez,
lequel pour authorifer só mariage, auoit
fait profeffion de la Religion pretenduë
reformée. Celle qui l'auoit époufé, fouftenoit auoir esté feduite, & eftre en bóne
foy, & fous pretexte de la liberté de confcience, du benefice des Edicts, & du
changement de Religion, ne pouuoir
eftre recherché : neantmoins la Cour
par Arreft contradictoire apres vne plai-
doirie de deux Audiances, non feulement caffa le mariage, mais mefmes luy
fit defenfes de hanter ny frequenter cette
femme à peine de la vie, iugeant qu'il ne
la pouuoit auoir pour femme en quelque

condition qu'il se peût mettre ; Et quant
aux exemples des mariages de cette qualité, que l'on dit auoir esté contractés depuis 40. ans, lesquels ont subsisté, & n'ôt
iamais esté reuoquez en doute, il y a
grande difference entre l'approbation
publique, & le defaut de poursuite ; l'authorité du magistrat & de la loy, & le si-
lence des parties interessées. Toutesfois
& quantes qu'vn Religieux s'échappe de
son cloistre pour changer de Religion,
ou qu'vn Prestre abandonnant sa profession se marie, ils peuuent estre pour-
suiuis par ceux qui estoient leurs Superieurs dás l'Eglise, ou par leursparens, les
derniers étouffent ces actiós comme des
monstres, ils les cachent autát qu'ils peuuent ; & tant s'en faut qu'ils en facent des
poursuites en Iustice, qu'ils trauaillent
pour en oster la connoissance au public :
D'ailleurs ils n'y ont point d'interest en
leur particulier, parce que outre que telles manieres de gens sont d'ordinaire de
petite códition, & sans bien, qui plus est,

les enfans iſſus de ces mariages, n'eſtant
point legitimés ny reconnus pour tels
dans les familles, les parens n'y ont point
d'intereſt ; Et quât aux Superieurs Eccleſiaſtiques , d'vn coſté la deſpenſe & les
frais des procedures les empeſchent bien
ſouuent d'y ſonger ; d'autre part ils ont
grande peine de reclamer vn homme de
cette qualité : lequel s'eſtant retiré , &
ayant abandonné la foy qu'il a vne fois
promiſe, ne ſeroit bon qu'à débaucher
ſes Confreres , leur donner de mauuais
ſentimens & de mauuais exemples, pour
cela ils n'ont garde de reclamer vn homme de cette condition ; & ainſi faute de
plainte & de pourſuite , l'impunité s'au-
thoriſe, & les mariages de cette qualité
ſe tolerent ainſi que des concubinages
publics : & tout ainſi que la diſſimu-
lation de tous les crimes qui ſe commet-
tenten public & en particulier, n'en pro-
duit pas vn adueu, ny vne approbation ;
ainſi les mariages des Preſtres & des
Religieux, qui n'ont pas eſté condam-

nez, ne font pas pour cela legitimes, puis qu'ils ne fubfiftent que par defaut de pourfuite & d'accufateur. Ainfi confiderant la decifion de cette caufe, foit dans l'hypothefe, ou dans la queftion generale, nous ne penfons pas qu'en l'vn ny en l'autre fens, elle foit fufceptible de difficulté veritable. Pour le premier : Puifque l'Aduocat des appellants ne veut pas conclure en fes appellations comme d'abus : en ce cas il y a lieu d'y prononcer, & l'y declarer non reccuable, & ce faifant fuiuant l'article 8. de l'Edict de l'année 1606. le renuoyer par-deuant l'Official de Neuers, & pour cét effect, le faire defcendre prifonnier en la Conciergerie du Palais, fans s'arrefter à l'infcription en faux, de laquelle les moiens ne font pas confiderables, & qui fans doute n'eût pas efté for-mée, fi l'Aduocat de l'appellant eût eu communication des pieces fecrettes, dans lefquelles il eft iuftifié que le droict de prife de corps eft fondé fur pieces

nouuellement rapportées, qui font let-
tres efcrites de la main de l'appellant,
qui iuftifie non feulement le fcandale de
fa vie, mais quelque chofe de pis, s'e-
ftant feruy de la Religion pour pretexte de fa débauche ; Et pour le fecond
point qui eft plus important & plus con-
fiderable, qui concerne la Thefe generale, l'eftabliffement dans le public,
fouftiennent que dans la police & l'ob-
feruation ponctuelle des Edicts, fi bien
la liberté de confcience eft tolerée,
fi la Religion pretenduë reformée eft
foufferte, que pour cela les loix generales de l'Eftat ne doiuent point eftre
bleffées, & qu'il ne doit pas eftre loifible à vn homme qui change de Religion, de faire preiudice aux grandes maximes du Royaume ; Ce que la Cour
iugera en confirmant la Sentence du
Bailly de fainct Pierre le Monftier, qui
fait defenfe à l'appellant de contracter
mariage, à peine de nullité, & de punition exemplaire.   LA